MW00906286

mon Chat

TEXTE DE MARILYN BAILLIE

ILLUSTRATIONS DE BRENDA CLARK

TEXTE FRANÇAIS DE JOCELYNE HENRI

UN *ALBUM* DE DESSINS, DE PHOTOS ET DE FAITS

LES ÉDITIONS SCHOLASTIC

SUNSHINE HILLS ELEMENTARY SCHOOL
11285 BOND BLVD.
DELTA, B.C.   V4E 1N3

À Charles, Matthew, Jonathan et Alexandra - *M.B.*

À Aaron et Soupy - *B.C.*

Tout sur mon chat

Cet album est pour ton chat, cet ami exceptionnel. Il y a des blancs où tu peux noter les habitudes amusantes de ton chat et des endroits où tu peux coller des photos. Tu vas découvrir des faits étonnants sur les félins et apprendre à fabriquer des jouets et des friandises pour ton chat.

Pour commencer, colle une photo ou fais un dessin de ton chat dans le cadre. Ensuite, remplis la fiche descriptive qui suit.

Mon chat

Le nom de mon chat est _____ .

Les surnoms de mon chat sont _____ , _____ , _____ .

C'est ☐ un chaton   ☐ un chat adulte

Mon chat est ☐ un mâle ☐ une femelle.

Mon chat est âgé de _____ ans, _____ mois.

Mon chat est aussi gros qu'un _____ .

J'ai eu mon chat le _____ .

La première chose que mon chat a faite lorsque nous sommes arrivés à la maison a été de

_____

_____

Un chat extraordina

 De quelle couleur est ton chat? De quelle longueur est sa queue? Coche les cases qui décrivent ton chat. Tu peux même dessiner toutes ses taches, ses rayures et ses marques dans la silhouette au bas de la page. Qu'attends-tu?

Les yeux de mon chat sont :

☐ bleus ☐ verts ☐ jaunes ☐ autre

Les oreilles de mon chat sont :

☐ longues et pointues ☐ moyennes ☐ petites et pointues ☐ autre

Mon chat est :

☐ noir ☐ blanc ☐ brun ☐ calicot ☐ orange ☐ autre

Les poils de mon chat sont :

☐ longs et duveteux ☐ soyeux et courts ☐ autre

Mon chat a ces marques spéciales :

re!

Les moustaches de mon chat sont :

☐ courtes

☐ longues

☐ très longues

La queue de mon chat est :

☐ aussi longue que ma main

☐ aussi longue que mon bras

☐ aussi longue que mon bras, du poignet au coude

☐ autre

_____

_____

_____

Mon chat est espiègle, il

_____.

Mon chat aime

_____.

Mon chat déteste

_____.

Un des secrets concernant mon chat est

_____.

Mon chat est si intelligent qu'il peut

_____.

Le meilleur ami de mon chat est

_____.

Pèse ton chat

Tu veux peser ton chat mais il ne veut pas rester sur le pèse-personne. Comment peux-tu t'y prendre pour connaître son poids?

1. Pèse-toi et note ton poids.

2. Prends ton chat et montez tous les deux sur le pèse-personne.

3. Soustrais ton poids de votre poids total. Maintenant, tu connais le poids de ton chat.

Mon chat pèse _____.

Une journée dans la vie de _____

(écris le nom de ton chat)

Les chats ne font pas que ronronner jour après jour. Ils ont plusieurs activités — mais tu dois être aux aguets. Observe ton chat une partie de la journée et prends des notes, fais des dessins ou prends des photos pour te rendre compte vraiment de ce qui se passe. Les scientifiques qui étudient le comportement animal s'y prennent de cette façon.

Colle un dessin ou une photo de ton chat dans chacun des cadres. Dessine ensuite les aiguilles sur les cadrans pour indiquer à quelle heure tu as fait tes observations. À côté de chaque cadre, décris ce que fait ton chat.

Tu es un détective!

Sois à l'affût de chaque geste ou expression de ton chat.

Si ton chat dort, note où se trouvent sa queue, sa tête et ses pattes. Dort-il toujours dans la même position? Où dort-il?

Quand ton chat s'amuse, choisit-il habituellement les mêmes jouets ou préfère-t-il de nouveaux jouets? Pose-toi le plus de questions possible et amuse-toi à être un détective!

Mon chat s'amuse

_____

_____

_____

Mon chat mange

_____

_____

_____

6

Ne t'en fais pas si ton chat fait souvent la sieste. La plupart des chats dorment les deux-tiers du temps, presque deux fois plus que toi. Ils font des petits sommes, parfois avec les yeux à demi-ouverts.

J'ai découvert ___ nouvelles choses sur mon chat aujourd'hui. Cela me surprend que mon chat

_____

_____.

Mon chat
☐ se demandait pourquoi
☐ ne s'est pas aperçu que

je l'observais.

_____

_____

_____

_____

Mon chat fait la sieste

_____

_____

_____

Il fait sa toilette et s'étire

Une aventure amusante

Fais d'autres découvertes sur les habitudes journalières de ton chat.

Mets un grand sac de papier ouvert dans une pièce. Un sac d'épicerie en papier est idéal. Attire ton chat en froissant le papier. Observe sa façon de s'approcher et ce qu'il fait avec le sac. Prends une photo ou fais une illustration de ton chat qui s'amuse et colle-la sur cette page.

_____

_____

_____

Il s'amuse dans la maison

Innombrables chats

I l existe une infinité de chats de différentes couleurs. On peut les diviser en deux grands groupes selon leurs robes — les chats à poil court et les chats à poil long. À l'intérieur de ces deux groupes, il y a plusieurs races. Nous en illustrons quelques-unes plus bas. Il y a aussi les chats qui sont le résultat d'un croisement de races. Vois-tu ton chat sur ces deux pages? Si tu n'es pas certain si ton chat a le poil court ou le poil long ou de quelle race il est, demande-le au vétérinaire lors de ta prochaine visite.

Chats à poil court

Américain argent tabby ou tigré

Ce chat descend des chats de ruelles robustes. Le corps est musclé et la robe vient en plusieurs variations de couleurs. C'est un excellent chat souricier et un bon animal de compagnie.

Chat de l'île de Man

Le chat de l'île de Man n'a pas de queue. Il est originaire d'une île au large de la côte d'Angleterre.

Burmese

Le burmese a le visage doux et est très espiègle. Il est réputé pour ouvrir la porte du réfrigérateur et se faufiler dans les placards au moment où on s'y attend le moins!

Siamois

Le siamois ne tolère pas facilement d'autres chats dans la maison. Il s'attache totalement à son maître. C'est un animal loyal, intelligent, bruyant et bavard.

Sphinx

Ce chat n'a presque pas de poils, c'est pourquoi il est très apprécié de ceux qui sont allergiques aux chats. Cependant, les poils ne sont pas seuls à provoquer des allergies, il y a aussi la salive du chat. Le sphinx n'a pas beaucoup de poils, mais il se lèche comme tous les autres chats, c'est pourquoi certaines personnes y sont allergiques.

Je vois mon chat sur cette page. C'est un

_____ .

Mon chat à poil court n'apparaît pas ici. C'est un

_____ .

Je ne sais pas de quelle race est mon chat, mais il a le poil court et ressemble à

_____ .

Chats à poil long

Persan

C'est le chat de maison par excellence. Non seulement il est beau, avec sa robe longue, flottante et laineuse, mais c'est aussi un doux compagnon.

Raton du Maine

La plus vieille race de chat américaine est le raton du Maine. La fourrure de ce gros chat à poil long s'éclaircit par temps chaud. Sa queue annelée est touffue, un peu comme un raton laveur!

Birman

Une légende raconte que ce chat était jadis sacré dans les temples. Il a de grands yeux bleus et ses pattes sont toujours gantées de blanc.

Folded ear (chat à oreilles pliées)

Ce chat tient son nom de ses oreilles pliées. Il est aussi réputé pour son air triste. Il s'entend bien avec les humains et les animaux familiers.

Je vois mon chat sur cette page. C'est un

_____ .

Mon chat à poil long n'apparaît pas ici. C'est un

_____ .

Je ne sais pas de quelle race est mon chat, mais il a le poil long et ressemble à

_____ .

Les chats au sang mêlé

Ces chats sont le résultat d'un mélange de deux races ou plus. Si tu n'es pas certain de la race de ton chat, il se peut qu'il s'agisse d'un chat au sang mêlé, à poil court ou à poil long. La plupart des chats de maison sont le résultat d'un mélange, avec des caractéristiques d'une grande variété de races. Certains disent que ces chats sont plus robustes et plus sains — que c'est un mélange supérieur!

Mon chat est un sang mêlé et sa robe est

_____ .

Si je devais deviner de quel mélange de races est mon chat, je dirais qu'il est en partie

_____

et en partie

_____

Gros chats

Ton chat est apparenté à certains des plus magnifiques animaux du monde. Les lions, les tigres, les jaguars, les guépards, ainsi que d'autres chats sauvages, ont les mêmes habitudes et caractéristiques que ton chat. Ils sont tous agiles, ils peuvent tous courir à vive allure, sauter et bondir. Le toilettage les garde propres et leur permet de rester en contact avec d'autres chats. Les siestes prennent une bonne partie de leur temps. Les gros chats ressemblent probablement à ton chat, avec leur corps élancé, leur robe soyeuse, leurs moustaches hérissées et leurs dents pointues.

Mets à l'épreuve tes connaissances sur la parenté de ton chat. Lis les indices et essaie ensuite d'identifier chacun de ces gros chats. Les réponses sont au bas de la page de droite.

1.

2.

Je suis le seul chat qui vit dans un groupe familial appelé troupe. Ma crinière me fait paraître gros et féroce et on m'appelle parfois «roi». Les femelles de ma famille s'occupent de chasser. Elles se partagent les soins aux jeunes et s'occupent de la troupe. Nous vivons en Afrique.

Je suis l'animal terrestre le plus rapide du monde. Je chasse dans les vastes plaines d'Afrique, c'est pourquoi j'ai besoin de courir vite pour attraper ma proie. En départ debout, je peux démarrer aussi vite qu'une voiture de course. Je maintiens ma grande vitesse sur de courtes distances, mais je trouve habituellement mon repas avant de me fatiguer.

Je suis un _____.

Je suis un _____.

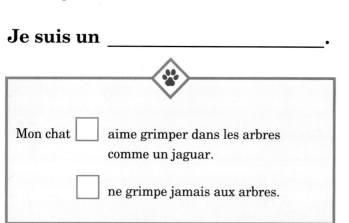

Mon chat ☐ aime grimper dans les arbres comme un jaguar.

☐ ne grimpe jamais aux arbres.

Mon chat ☐ aime nager dans l'eau comme le tigre.

☐ déteste nager.

Grondements de tonnerre

Les rugissements du lion retentissent dans les plaines d'Afrique. D'autres gros chats, comme les tigres, les jaguars et les léopards rugissent aussi. Tous les membres d'une famille de chats communiquent entre eux avec des sons variés. Ton chat miaule et ronronne, mais seuls les plus gros chats peuvent rugir!

3.

Je suis le plus gros et le plus fort des gros chats. Je vis dans certaines parties de l'Asie et de l'Inde et j'erre en solitaire sur mon territoire. Je rôde à travers les forêts denses ou nage dans l'eau fraîche à la recherche d'une proie. Mes rayures aident à me dissimuler jusqu'à ce que je sois prêt à attaquer avec mes griffes et mes crocs.

Je suis un _____.

Mon chat ☐ aime être en groupe comme le lion.

☐ est solitaire.

4.

Je suis le seul gros chat qui vit en Amérique du Nord, en Amérique du Sud et en Amérique Centrale. Je grimpe aux arbres et je nage à la recherche de ma nourriture. Les humains ont envahi mon territoire et essaient de me capturer pour ma magnifique fourrure. Mais mes taches et mes points me dissimulent parmi les arbres et les buissons.

Je suis un _____.

Mon chat ☐ a la queue très longue comme un guépard.

☐ a la queue courte.

Réponses : 1. lion 2. guépard 3. tigre 4. jaguar

Hygiène et bien-être

 Quand ton chat te regarde avec l'air de dire «J'ai besoin de quelque chose», cela signifie aussi «Je compte sur toi».

Caresse-le et prends-le dans tes bras. Réfléchis à ce qu'il tente de te dire qui touche son hygiène et son bien-être.

Hygiène des dents

Je croque de la nourriture sèche pour garder mes dents et mes gencives en bonne santé. Tu peux brosser mes dents si tu peux me convaincre de me laisser faire. Utilise toujours du dentifrice pour chats et une petite brosse douce. N'utilise pas ton dentifrice parce que je serai malade si je l'avale.

Nettoyage de la litière

Si tu nettoies, vides et désinfectes souvent ma litière, je serai heureux. Place ma litière dans un endroit discret — un peu d'intimité s'il te plaît!

Toilettage

J'aime qu'on me brosse souvent. Brosse-moi doucement de la tête à la queue, sans oublier le ventre. Si mes poils sont noués, démêle-les lentement. De temps en temps, j'ai besoin d'un bain pour garder ma fourrure ultra propre.

Jeux

Avant que nous sortions ensemble, j'ai besoin de ton aide. Est-ce que je porte mon collier et ma médaille d'identité avec ton nom et ton adresse? J'aime bien la bande élastique de mon collier. Je peux ainsi me libérer plus facilement si je m'accroche à une branche.

Soin des griffes

Fournis-moi ce qu'il faut pour que je puisse m'étirer et faire mes griffes. Si mes griffes sont trop longues, demande à un adulte de les couper. Un écart des ciseaux peut me blesser gravement.

Sieste

Même si je m'installe dans des endroits étranges, j'aime avoir mon lit à moi. Garde ma couche propre et sans puces. Que dirais-tu de me fabriquer un lit exceptionnel? Il est magnifique!

Fabrique un lit exceptionnel

Mon chat

☐ aime se faire brosser les dents.

☐ déteste se faire brosser les dents.

☐ ne s'est jamais fait brosser les dents.

Quand c'est l'heure de brosser son poil, mon chat

☐ se cache sous le lit.

☐ ronronne.

☐ _____

Mon chat

☐ se fait les griffes sur les meubles.

☐ ne se fait jamais les griffes sur les meubles.

☐ n'a pas de griffes.

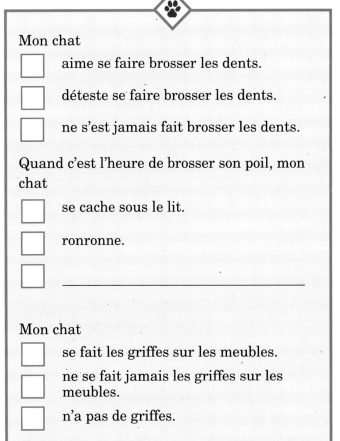

Matériel :

• une boîte de carton, assez grande pour que ton chat puisse s'y étirer;
• des ciseaux;
• des marqueurs;
• des serviettes ou draps usés (assure-toi que personne n'en a besoin).

1. Découpe une ouverture sur un côté de la boîte.
2. Décore la boîte à l'aide des marqueurs.
3. Mets les serviettes ou les draps au fond de la boîte.
4. Mets le lit dans un coin tranquille ou dans ta chambre. Pour habituer ton chat à son lit, dépose-le gentiment dedans et dis-lui que tu l'as fait pour lui.

La toilette du chat

Quand ton chat lèche son poil de la tête à la queue, il fait plus que garder sa fourrure propre. En faisant sa toilette, il étend sur son poil sa propre odeur qui provient de glandes sous-cutanées. Si ton chat se frôle contre toi, il laisse derrière une odeur qui veut dire «J'étais ici». Parfois, ton chat fait sa toilette pour se détendre, un peu comme tu te sens après un bon massage dans le dos. Si deux chats ou une mère et son chaton se lèchent, c'est pour se laver, échanger leurs odeurs et garder contact.

Chiffon coussiné

Pour les endroits difficiles à atteindre comme la tête, l'arrière du cou et entre les épaules, ton chat se sert de ses pattes avant comme d'un chiffon. Il lèche sa patte et se met à se laver. En même temps, il étend son odeur particulière.

Mon chat fait sa toilette

Imperméabilisation

En se léchant, ton chat active des glandes huileuses de sa peau. L'huile imperméabilise sa fourrure et lui procure un manteau de pluie.

Peigne fin

As-tu déjà tenté de te brosser les cheveux avec tes dents? Ton chat se brosse la fourrure avec ses dents pour démêler les poils enchevêtrés et pour déloger la boue ou la poussière.

Système de refroidissement

Lorsqu'il fait chaud, t'arrive-t-il de t'éclabousser le visage avec de l'eau? Ton chat n'a pas besoin de faire cela — il a son propre système de refroidissement. Il se lèche le poil pour étendre sa salive partout sur son corps. En séchant, la salive s'évapore et rafraîchit son corps.

Langue tordue

Qu'est-ce qui est rose, longue, qui lape les liquides, qui peut laver une robe et qui est assez rude pour brosser de la fourrure? L'extraordinaire langue de ton chat!

Mon chat fait sa toilette quand il se sent

☐ heureux.

☐ effrayé.

☐ ennuyé.

☐ _____

Mon chat fait sa toilette environ

_____ fois par jour.

Si j'avais une langue comme celle de mon chat, je pourrais

_____.

Rafraîchis-toi

Essaie cette expérience pour voir comment fonctionne le système de refroidissement de ton chat.

1. Avec un peu d'eau chaude, humecte un endroit à l'intérieur de ton poignet.
2. Souffle doucement sur l'endroit humecté, puis souffle sur un endroit sec du même poignet. Quel endroit te semble le plus frais?

La plupart des gens trouvent que l'endroit humecté semble le plus frais. Quand tu souffles, ton souffle chaud propulse dans l'air un peu de l'eau de l'endroit humecté. Ce processus, appelé évaporation, dissipe la chaleur en même temps que l'eau et l'endroit humecté te semble plus frais. La salive de ton chat s'évapore de sa fourrure et rafraîchit son corps.

J'ai faim!

C'est le temps de manger et tu sers encore à ton chat la même nourriture. Ennuyant, penses-tu, mais ton chat pourrait bien te contredire. Une diète équilibrée faite d'aliments nutritifs garde ton chat actif et en santé.

Quelle nourriture dois-je lui donner?

Tu as le choix entre la nourriture sèche ou semi-humide et la nourriture en conserve, mais la plupart des vétérinaires recommandent la nourriture sèche. Elle est très nutritive et quand ton chat la croque et la mastique, cela garde ses dents et ses gencives en santé. Si tu veux ajouter un peu de nourriture en conserve, c'est bien mais non essentiel. Quand tu choisis la nourriture, assure-toi que l'étiquette dit «faible en cendres» et «diète équilibrée».

Dois-je donner du poisson et de la viande à mon chat?

Si la diète de ton chat est équilibrée, il n'a pas besoin que tu lui donnes du poisson ou de la viande. S'il y a des bactéries dans le poisson ou la viande, ton chat peut être malade. Alors ne prends pas de risques : ne lui en donne pas. Ne lui donne pas d'os non plus. Ils peuvent briser et blesser ses organes internes.

Puis-je lui donner des restes de table?

De temps en temps, tu peux donner une petite gâterie à ton chat. N'exagère pas, car ces gâteries prendraient la place de sa nourriture qui est bien meilleure pour la santé de ton chat.

Et une diète constante prévient les dérangements d'estomac occasionnés par les changements de diète. Alors, quel meilleur repas pourrais-tu servir à ton ami que sa nourriture habituelle?

Que devrait boire mon chat?

Le lait dérange souvent l'estomac des chats. Donne chaque jour à ton chat de l'eau fraîche dans un bol propre et il sera heureux.

Quand dois-je nourrir mon chat?

Chaque jour, à la même heure, prépare une certaine quantité de nourriture et laisse ton chat se servir à sa guise. Donne-lui un plat bien à lui — malgré que si tu as plusieurs chats, ils préféreront peut-être partager! Place toujours le plat de ton chat au même endroit. La routine le rendra heureux.

Combien de nourriture dois-je lui donner?

Ton chat peut facilement faire de l'embonpoint. Ne lui donne pas plus que ce qu'il a besoin. Habituellement, les chatons prennent plusieurs petits repas chaque jour, et les adultes, un ou deux.

Dans une journée, mon chat grignote un bol de nourriture de la grosseur

☐ d'une balle de ping-pong.

☐ d'une balle de baseball.

☐ _____

_____ .

Mon chat avale ____ lampées d'eau à la fois.

Si mon chat préparait son repas, il se ferait

_____

_____ .

Friandises félines

Prépare de délicieuses friandises pour des occasions spéciales. Donne-les-lui à grignoter une à la fois, parce que son estomac est sensible aux nouveautés.

Il te faut :

- 125 ml (1/2 tasse) de sardines en conserve, égouttées
- 250 ml (1 tasse) de chapelure de pain de blé entier
- 15 ml (1 cuillère à soupe) d'huile végétale
- 1 oeuf battu
- une fourchette, un grand bol, une petite cuillère, une plaque à biscuits, un pot hermétique

Demande la permission à un adulte avant d'utiliser le four.

1. Préchauffe le four à 160 °C (325 °F).
2. Écrase les sardines dans le bol avec la fourchette.
3. Ajoute aux sardines un mélange de la chapelure, de l'huile et de l'oeuf.
4. Avec la petite cuillère, mets la pâte sur la plaque à biscuits et laisse cuire durant 10 minutes.
5. Laisse refroidir et conserve au réfrigérateur dans un pot hermétique.

Le langage du chat

Q uand ton chat se frotte contre toi ou te regarde de ses grands yeux inquiets, il n'a pas besoin d'émettre un son. Son corps tout entier parle pour lui, spécialement sa tête, ses yeux, ses oreilles, ses moustaches et sa queue. Regarde les expressions de ces chats. Ton chat parle-t-il de cette façon?

Coche les cases appropriées et complète les phrases qui décrivent le mieux ton chat.

Chat satisfait

Ton chat se prélasse-t-il ainsi sur le dos en ronronnant, calme et les yeux à moitié fermés? C'est le signe d'un chat heureux et tranquille.

Quand mon chat est heureux, il

☐ aime se prélasser sur le dos.

☐ n'aime pas se prélasser sur le dos.

Quand mon chat est heureux, il aime aussi

_____ .

Chat effrayé

Même si ton chat est effrayé, il se peut qu'il tente de tromper son ennemi. Le poil hérissé, il fait le gros dos. Avec sa queue à la verticale, il a l'air plus gros. Mais ses oreilles pointées vers l'arrière et ses pupilles grandes ouvertes le trahissent. Il a vraiment peur!

Quand mon chat a peur, ses moustaches

☐ pointent vers l'arrière.

☐ se dressent de côté.

☐ se courbent vers l'avant.

Quand mon chat a peur, il

_____ .

Le bavardage du chat

«Miaou» veut parfois dire «J'ai faim!», «Ne pars pas!» ou «Sors du lit!» Malgré ses nombreuses significations, «miaou» n'est pas le seul son émis par le chat. Certaines personnes peuvent distinguer 16 sons différents. Et les chats communiquent probablement entre eux en émettant plusieurs autres sons. Certaines races sont plus «jasantes» que d'autres. As-tu un chat très «bavard»?

Attention!

Ton chat montre clairement qu'il est fâché ou sur le point d'attaquer. Fais attention et éloigne-toi! Si ses oreilles sont pointées vers l'arrière, si sa bouche est ouverte prête à siffler ou à cracher, si ses babines sont retroussées sur ses dents pointues, c'est que ton chat est prêt à l'attaque.

Nous sommes amis

Si ton chat frotte sa tête et son corps contre toi, il te dit «Nous sommes amis» et «J'aime être près de toi». En même temps, il laisse derrière lui son odeur particulière qui provient de glandes de la bouche, de la tête et de la queue. C'est sa marque spéciale. Et il flaire ton odeur aussi.

Mon chat aime se frotter contre moi quand
☐ j'arrive à la maison.
☐ il pense que je m'en vais.
☐ _____
_____ .

Certains sons émis par mon chat :
☐ miaou   ☐ sifflement
☐ ronron   ☐ _____

Mon chat
☐ aime se battre.
☐ n'aime pas se battre.

Quand mon chat a l'air fâché, je
_____
_____
_____ .

Traces de pas

Ton chat sort-il à toute vitesse en espadrilles, enfile-t-il des bottes chaudes durant l'hiver ou s'installe-t-il confortablement le soir avec des pantoufles aux pattes? Non! Il est chanceux — ses pattes sont ses pantoufles, ses bottes et ses espadrilles. Grâce à ses pattes, il bondit, grimpe et se défend. Dessine une patte de ton chat dans le cadre. Puis examine avec douceur ses coussinets et ses griffes et dessine-les en place sur la patte.

Espadrilles

Les coussinets protecteurs sous les pattes du chat servent d'amortisseurs quand il atterrit à la suite d'un saut. S'il rentre ses griffes, il peut sauter sur toi par surprise grâce à ses douces espadrilles coussinées. C'est une façon de s'exercer à la chasse.

L'empreinte de la patte de mon chat

Équipement d'escalade

Le chat peut grimper dans un arbre à la vitesse de l'éclair. Il se cramponne grâce à son équipement d'escalade : ses griffes acérées. Examine attentivement les pattes de ton chat pour voir où il cache ses griffes. Il les rentre dans des petites poches où elles restent pointues jusqu'à ce qu'il en ait besoin.

Chat au frais

Les doux coussinets du chat sont aussi un mécanisme de refroidissement. Quand il a chaud, il transpire par ses coussinets. La transpiration humidifie les coussinets afin de les garder doux et sans crevasses. S'il transpire beaucoup, il laisse derrière lui une piste humide de pas.

Chaussons et pantoufles

Les poils sur ses pattes et entre ses doigts tiennent lieu à ton chat de chaussons et de pantoufles. Il se sent ainsi confortable et au chaud.

Quand il saute sur moi par surprise,

☐ je sais toujours que mon chat est là.

☐ je sursaute.

☐ _____

_____

Mon chat a _____ doigts sur chaque patte avant et _____ doigts sur chaque patte arrière.

Fais l'empreinte d'une patte

Fais l'empreinte de la patte de ton chat pour montrer à tes amis ou pour accrocher au mur. Tu auras besoin de l'aide de ton chat, alors assure-toi de choisir un moment où il se sent satisfait et coopératif.

Il te faut :

- 125 ml (1/2 tasse) de farine
- 125 ml (1/2 tasse) de farine de maïs
- 125 ml (1/2 tasse) d'eau
- une grosse cuillère, un grand bol, une vieille assiette de plastique, de la peinture à l'eau (facultatif), un crochet auto-collant pour cadre (facultatif)

1. Mélange les deux farines dans le bol.
2. Ajoute l'eau petit à petit en brassant le mélange.

3. Recouvre l'assiette avec le mélange.
4. Mouille la patte de ton chat et presse-la doucement dans l'assiette pour faire une empreinte.
5. Laisse sécher l'empreinte complètement — cela peut prendre une semaine.
6. Si tu le désires, décore l'empreinte avec de la peinture.
7. Si tu veux suspendre l'empreinte au mur, fixe le crochet à l'arrière.

Les ultra-sens

Si tu jouais avec ton chat à un jeu pour découvrir qui de vous deux possède les sens de l'odorat, du goût, du toucher, de la vue et de l'ouïe les plus développés, ton chat gagnerait haut la main! Ces sens aiguisés sont nécessaires aux chats en milieu sauvage pour épier et capturer leurs proies. Ton chat possède les mêmes sens. Observe-le et tu les verras à l'oeuvre!

Test de pré-dégustation

Les chats sont habituellement des mangeurs difficiles et c'est bien ainsi. Ils sentent la nourriture avant d'y goûter. Si les aliments ne sont pas frais, les chats sentent les odeurs causées par les changements chimiques. Ils se détournent sagement si leur nourriture n'est pas à son meilleur!

As renifleur

La truffe de ton chat le prévient de toutes sortes de choses. Il sent l'odeur laissée par d'autres chats et sait ainsi qu'ils sont passés par là. Il sent sa propre odeur sur les objets de la maison et se sent en sécurité sachant qu'il est chez lui. Il sent lorsque tu es à la maison. La truffe de ton chat semble petite, mais son odorat est beaucoup plus développé que le tien. C'est ce qui en fait un as renifleur.

Culbute et pirouette

Savais-tu que les oreilles de ton chat servent à autre chose qu'à entendre? Lorsqu'un chat tombe d'un arbre, un message de son oreille interne à son cerveau l'aide à retrouver son équilibre et le prépare à l'atterrissage. En tombant, il retourne son corps flexible et atterrit habituellement sur ses pattes, ce qui lui évite des blessures à la tête et au dos. Quand il touche le sol, il arque le dos pour amortir l'impact. Contrairement aux autres animaux, le chat peut survivre à des chutes extraordinaires. Mais certaines chutes peuvent le blesser, c'est pourquoi il vaut mieux le tenir loin des endroits trop élevés.

Empreinte nasale

Savais-tu que l'empreinte nasale de ton chat est différente de celle de tous les autres chats? L'empreinte de sa truffe est unique, tout comme le sont tes empreintes digitales.

On est bien chez soi

As-tu déjà entendu des récits de chats courageux qui ont parcouru de longues distances pour rejoindre leur foyer? Cela arrive, mais personne ne sait très bien comment. Certaines personnes estiment que les chats se servent de leurs sens et d'autres croient que c'est plus que cela.

Jouet odorant

Fabrique un jouet à l'herbe aux chats pour ton chat. L'herbe aux chats est une plante que la plupart des chats aime renifler. Tu peux la faire pousser dans ton jardin ou l'acheter sèche.

Un sens de plus

Ce n'est pas étonnant que ton chat possède des sens remarquables. Il a un sens supplémentaire qui combine le goût et l'odorat. Ce sens spécial est habituellement utilisé par le mâle pour trouver une compagne.

Y a-t-il une souris dans la maison?

Ton chat saura s'il y a une souris dans la maison, mais toi, tu n'entendras pas son petit cri. C'est parce que ton chat entend des sons beaucoup plus aigus que ceux que toi et même les chiens pouvez entendre. Quand ton chat entend un bruit suspect, il se met en alerte et tourne ses oreilles vers le bruit. Mets tes mains en coupe derrière tes oreilles pendant que quelqu'un te parle. Le son est-il plus clair?

Il te faut :

- papier de soie usagé;
- herbe aux chats séchée;
- un bout de tissu solide mesurant à peu près la moitié de cette page;
- un bout de ficelle de la longueur de ton bras;

Quand mon chat sent l'herbe aux chats, il

- [ ] se tourne sur lui-même.
- [ ] saute en l'air.
- [ ] danse.
- [ ] l'ignore.

1. Fais une boule avec le papier de soie.
2. Place la boule de papier et de l'herbe aux chats au milieu du tissu.
3. Rassemble les côtés du tissu pour en faire une balle. Demande l'aide d'un adulte pour attacher solidement le paquet avec la ficelle.
4. Quand ton chat a le goût de jouer, donne-lui ce beau jouet.

Note : ne donne pas ce jouet à l'herbe aux chats aux chatons de moins de six mois.

Un espion

Par une nuit sombre parsemée d'étoiles, ton chat rampe sans bruit. En un clin d'oeil, il bondit et attrape une souris. Ton chat se sert de tous ses sens aiguisés, particulièrement de son ouïe et de sa vue. À cause de sa vision nocturne remarquable, il voit de minuscules créatures que tu n'arriverais pas à voir.

Vision nocturne

Les chats ne peuvent rien voir dans l'obscurité totale. Mais leur vision est six fois supérieure à la nôtre quand la lumière est très faible. C'est à cause d'un miroir réflecteur situé à l'arrière de l'oeil.

Ce miroir reflète la lumière même très faible à l'intérieur des yeux et amplifie ainsi son effet. Ces miroirs réflecteurs sont aussi responsables de l'éclat des yeux la nuit.

Vision dans le mille

Les chats ont une vision remarquable pour la chasse. Comme les yeux de la plupart des animaux qui chassent, les yeux de ton chat sont à l'avant de sa tête si bien qu'ils travaillent à l'unisson pour capter instantanément une image parfaite d'un objet même éloigné.

Les yeux de mon chat

Lunettes protectrices

Au repos, les yeux de ton chat sont recouverts d'une seconde paupière qui est en quelque sorte transparente. Ses yeux sont ainsi protégés contre la poussière et il peut toujours garder un oeil sur toi!

Les yeux de mon chat sont aussi gros que

_____.

Dans le noir, les yeux de mon chat

ressemblent à _____

_____.

Ouvert, fermé

Ouvre un store et la lumière jaillit, ferme le store et la lumière disparaît. La pupille de ton chat, le centre noir de son oeil, fonctionne de façon semblable. Les pupilles s'ouvrent très grand pour laisser entrer la lumière la nuit et se ferment en de minuscules fentes pour éloigner la lumière durant une journée ensoleillée.

Examen de la vue

Essaie ce test pour en apprendre davantage sur les yeux de ton chat.

1. Observe attentivement les pupilles (la partie foncée de l'oeil) de ton chat à différents moments de la journée.
2. Dessine les pupilles de ton chat vis-à-vis chaque période de la journée mentionnée. Sont-elles grandes et rondes ou sont-elles réduites à de minuscules fentes?
3. Quelques jours plus tard, observe les pupilles de ton chat et vérifie si elles sont ouvertes ou fermées au même moment de la journée.

Voici les yeux de mon chat :

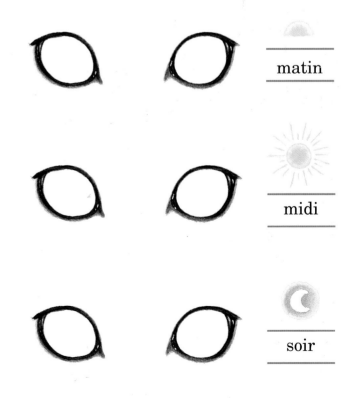

matin

midi

soir

En mouvement

É tire-toi comme un chat. Maintenant, bondis comme un chat. Essaie de marcher sans tomber sur une planche étroite, peu élevée. C'est facile pour un chat. Les chats sont des gymnastes étonnants.

Queue

Quand tu marches sur une planche étroite, tu allonges les bras de chaque côté pour balancer ton corps. La queue du chat sert à maintenir son équilibre. Elle l'aide à faire le contrepoids quand il veut se promener sur une clôture, tourner ou sauter en bas.

Genoux

Quand ton chat court ou saute, ses genoux amortissent le choc. À l'intérieur de ses genoux, il a des petits «amortisseurs». Savais-tu que tes genoux fonctionnent de la même façon?

Os des jambes arrière

Observe ton chat lorsqu'il se donne une poussée pour sauter ou pour courir. Il se sert de ses puissantes jambes arrière pour décoller. Les gros muscles attachés aux os des jambes lui donnent puissance et souplesse. Regarde comment ces os sont longs et robustes. Un chat peut faire un saut atteignant cinq fois sa longueur.

Ils sont très agiles, précis et gracieux. Leur corps est formé admirablement pour une action furtive et immédiate durant la chasse. Regarde le squelette plus bas et tu verras comment ton chat est formé pour le mouvement.

Colonne vertébrale et os du cou

Quand il fait sa toilette, ton chat peut atteindre presque n'importe quelle partie de son corps. Les os de la colonne vertébrale longue et souple et ceux du cou ont des articulations musculaires entre eux qui donnent à son corps une flexibilité étonnante.

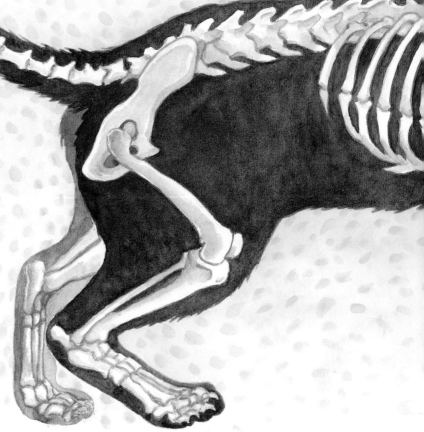

Os des épaules

Quand tu essaies de te glisser en poussant dans un espace restreint, ce n'est pas ta tête qui t'arrête, mais plutôt tes larges épaules. Les os des épaules de ton chat sont étroits et sont placés à plat de chaque côté de sa poitrine. Cela lui permet de se faufiler dans des endroits minuscules. Les os de ses épaules maintiennent aussi ses jambes avant rapprochées, ce qui lui facilite la marche sur une planche étroite.

Orteils

La forme de la patte de ton chat est telle qu'il marche et court sur la pointe des orteils. De cette manière, il se déplace avec légèreté, rapidité et sans bruit. Essaie de courir sur la pointe des pieds.
Que ressens-tu?

Bouchon fou

Fabrique ce jouet simple pour ton chat, puis observe ses mouvements étonnants.

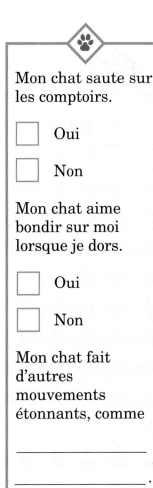

Il te faut :

- un bout de ficelle de la longueur de ton épaule jusqu'au sol.
- un bouchon de liège.

1. Attache solidement la ficelle autour du bouchon (demande à un adulte de t'aider) et suspends-le à une poignée de porte, assez bas pour que ton chat puisse l'atteindre.

2. Attire l'attention de ton chat vers le bouchon. Tu vas bien t'amuser!

Les articulations des épaules

Les articulations flexibles des épaules de ton chat lui permettent de tourner les pattes de devant dans différentes directions. Surveille-le quand il se lave ou fait sa toilette!

Mon chat saute sur les comptoirs.

☐ Oui

☐ Non

Mon chat aime bondir sur moi lorsque je dors.

☐ Oui

☐ Non

Mon chat fait d'autres mouvements étonnants, comme

_____

_____ .

Visite chez le vétérinaire

T on chat ne te rappellera pas qu'il est temps d'aller chez le vétérinaire. Demande à un adulte de vérifier la date prévue pour une visite, de téléphoner pour fixer un rendez-vous et de t'amener chez le vétérinaire avec ton chat. Note toutes tes questions et pose-les au vétérinaire. En voici quelques-unes auxquelles tu réfléchissais peut-être.

Pourquoi mon chat perd-il des poils lorsqu'il se présente pour un examen?

Ton chat se sent nerveux dans un nouvel endroit. Des petites terminaisons nerveuses à la base de chaque poil reçoivent le message et activent la chute des poils. Les doux poils semblent voler partout!

Pourquoi mon chat ronronne-t-il?

C'est un mystère! Les chats ronronnent lorsqu'ils sont satisfaits, mais ils ronronnent aussi lorsqu'ils sont inquiets. Personne ne sait pourquoi.

Ma chatte aura-t-elle des chatons?

Ta chatte aura probablement des chatons à moins que tu ne la fasses châtrer. Décide avec tes parents si tu veux t'occuper de plusieurs chats. Si tu as assez de t'occuper d'un animal, amène ta chatte chez le vétérinaire pour la faire châtrer. Les chatons sont adorables, mais il y en a des milliers qui naissent chaque année et qui sont indésirables.

Mon chat a-t-il besoin de se faire vacciner?

Oui, ton chat doit se faire vacciner contre les maladies du chat. Les chatons doivent recevoir une série de vaccins à partir de l'âge de six semaines jusqu'à ce qu'ils atteignent quatre mois. Les chats adultes n'en ont besoin que d'un par année.

Si mon chat se gratte, a-t-il des puces?

Si les puces sont installées dans le poil de ton chat, vous pouvez tous les deux l'ignorer. Seuls les chats qui sont allergiques aux puces vont avoir des démangeaisons et se gratter. Et certains chats se grattent parce qu'ils ont d'autres allergies, des parasites ou la peau sèche ou infectée. Vérifie souvent la fourrure de ton chat. Si tu vois des grains qui ressemblent à du poivre noir, il s'agit de puces. Demande à ton vétérinaire ce qu'il faut faire pour te débarrasser des invités indésirables.

Comment savoir si mon chat est malade?

Si tu n'as pas le goût de jouer ou de manger et si tu as envie de te reposer et de dormir, tu sais que tu es malade. C'est la même chose pour ton chat. Voici quelques symptômes à surveiller :

- manque d'appétit;
- plus grande soif que d'habitude;
- yeux et nez qui coulent;
- fourrure terne et toilette négligée;
- diarrhée;
- vomissement;
- difficultés respiratoires;
- comportement inhabituel (ex. il se cache de toi).

Si ton chat manifeste un de ces symptômes, demande à un adulte d'appeler le vétérinaire.

Puis-je sortir mon chat?

La vie en intérieur convient bien aux chats. Ils sont ainsi protégés des puces, des batailles de chats et des accidents d'auto. Si tu le désires, tu peux sortir ton chat, mais il faut être prudent au début. Mets-lui un harnais et une laisse. Chaque jour, amène-le explorer en laisse, puis permets-lui graduellement d'errer sans laisse pour de courtes périodes de temps.

Comment savoir si mon chat est en bonne santé?

Ton chat est en bonne santé s'il a les yeux brillants, la fourrure lustrée, s'il est actif, vif et s'il mange bien. Quand il vient de terminer sa toilette avec fierté, donne-lui une caresse et tu auras aussi un chat heureux!

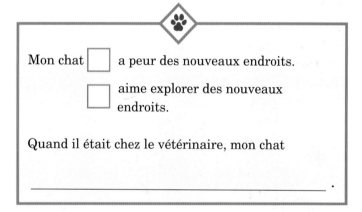

Mon chat ☐ a peur des nouveaux endroits.

☐ aime explorer des nouveaux endroits.

Quand il était chez le vétérinaire, mon chat

_____ .

Comment préparer mon chat à une visite chez le vétérinaire?

Une semaine ou deux avant le rendez-vous, mets le panier pour le transporter dans une pièce où ton chat s'amuse. Laisse-le ouvert et mets deux balles de ping-pong à l'intérieur. Quand ton chat commence à s'amuser avec les balles, remets-les dans le panier pour qu'il les récupère. Rends le jeu stimulant afin qu'il entre et sorte du panier et s'y habitue. Mets-le doucement dans le panier et amène-le faire des petites excursions dans les environs. Au moment de la visite chez le vétérinaire, il sera habitué à son panier.

Conseils de voyage

Bravo! C'est le temps des vacances! Tu parles de ce voyage à ton chat depuis des semaines. Tu es en train de mettre des vêtements dans ton sac à dos, quand tu aperçois son regard anxieux. Prends-le dans tes bras et dis-lui qu'il est vraiment du voyage. Puis en te blottissant contre lui, prépare une liste de contrôle des articles à apporter.

Liste de contrôle

— Dois-tu aller me chercher des pilules chez le vétérinaire?

— Vérifie si j'ai bien mon collier et ma médaille d'identité.

— Apporte une grosse bouteille d'eau fraîche.

— Apporte mon certificat de vaccination pour les douanes.

— N'oublie pas ma litière.

— Ne me nourris pas juste avant le voyage. Je pourrais être malade.

— Apporte mon panier pour que je me sente en sécurité durant le voyage.

— Mets-moi mon harnais plusieurs fois avant le voyage pour m'y habituer. Assure-toi de me le mettre avant de sortir de l'auto.

— N'oublie pas d'apporter toutes les choses qui sont illustrées sur cette page.

Mon chat et moi sommes allés

☐ au chalet.

☐ dans un pays étranger.

☐ _____

Si on pouvait aller n'importe où, mon chat et moi irions

_____

_____